Pour Amaury, Nathanaël et Jérémie

Loi numéro 49 956 du 16 juillet 1949
sur les publications
destinées à la jeunesse : mars 2002
Dépôt légal : mars 2002
Imprimé en France
par Mame Imprimeurs à Tours

Alex Cousseau et Philippe-Henri Turin

Les trois loups

matou

l'école des loisirs

11, rue de Sèvres, Paris 6e

Dans un petit bateau trois loups,
Loup I, Loup II et Loup III, naviguent
depuis des jours et des jours sur l'océan.
Et ce matin, ils ont faim.
Seulement voilà : pas le moindre petit cochon,
petit mouton ou petit chaperon à l'horizon !
Que faire ?

«J'ai une idée!» déclare Loup I.
«Je vais pêcher quelques poissons
pour le petit déjeuner.»

Et tout de suite, plouf !
il plonge dans l'eau.
Ses deux amis crient :
« Est-ce que tu sais nager ? »

Non !
Un loup ne sait pas nager.

Dans un petit bateau
deux loups, Loup II et Loup III, ont faim,
très faim. Ils se posent des questions.
Que faire ?

«J'ai une idée!» lance Loup II.
«Je vais attraper une mouette
pour le déjeuner.»

Et tout de suite, ziiip !
Le loup saute dans les airs !
Son ami crie :
« Est-ce que tu sais voler ? »

Non !

Un loup ne sait pas voler !

Alors le loup reste
quelques secondes dans l'air,
puis plouf !
retombe dans l'eau.

Dans un petit bateau un loup, Loup III, est seul.
Il a le mal de mer.
Il se demande : « Qu'est-ce que je vais devenir ? »

À ce moment, il aperçoit au loin un bateau,
un très gros bateau.
Il s'écrie : « Ohé ! Du bateau ! À l'aide ! »

Lentement le paquebot s'approche.
Le loup s'écrie : « Je suis sauvé ! »
Mais qui se trouve sur le bateau ?

Des cochons, des centaines de cochons
roses et ronds.

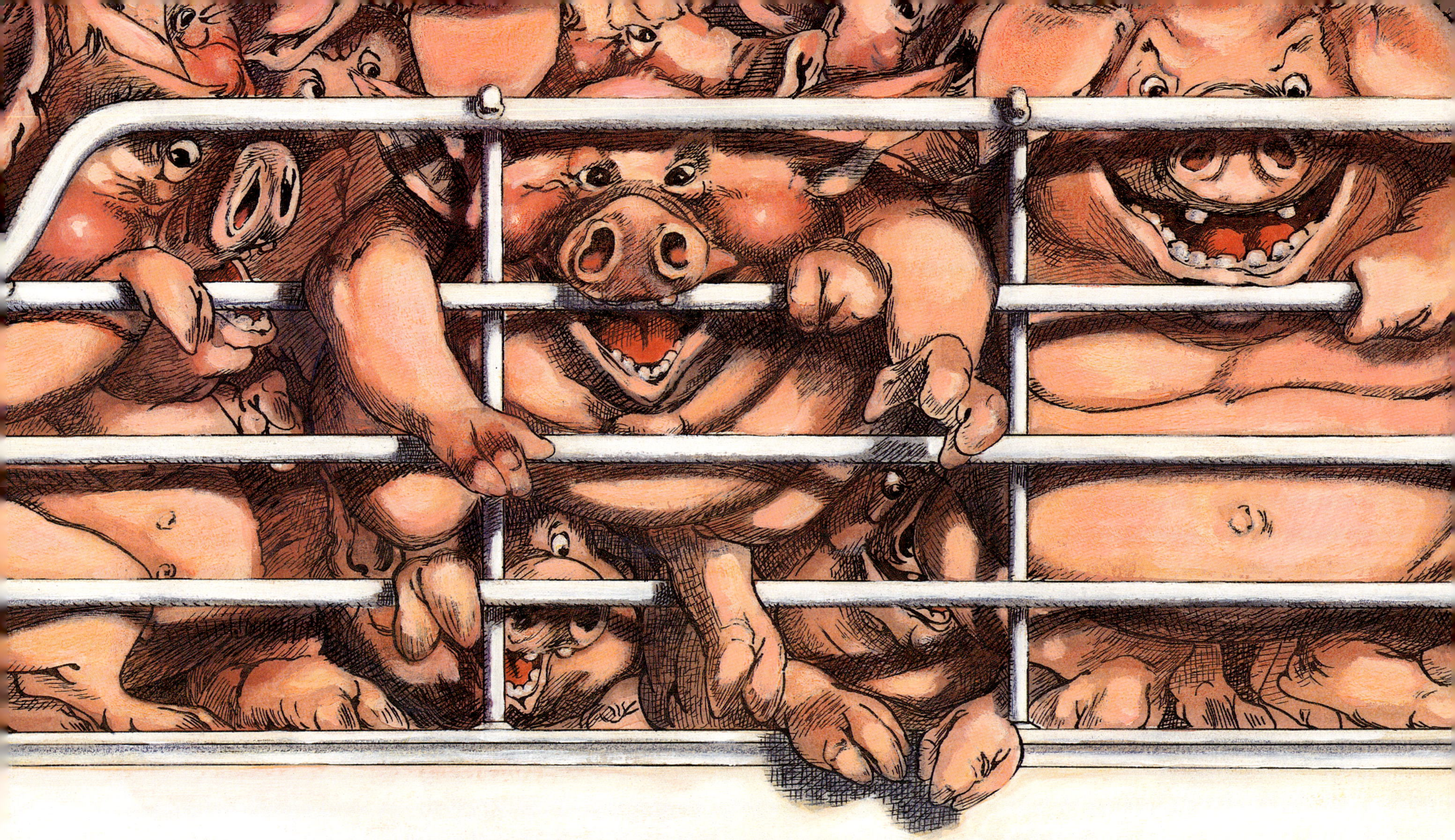

Un cochon se lèche les babines. Il dit : « C'est l'heure du goûter.
Et si on mangeait ce loup ! Il a l'air bien appétissant ! »

Alors tous les cochons crient en chœur:
« Viens Loup, viens avec nous ! »

Le loup les entend, le loup les voit.
Il prend peur. Alors zou, il s'enfuit…

Un loup ne sait pas voler,
un loup ne sait pas nager,
mais quand il a peur,
un loup sait ramer,
ramer à toute vapeur !